BEI GRIN MACHT SICH IHR WISSEN BEZAHLT

- Wir veröffentlichen Ihre Hausarbeit, Bachelor- und Masterarbeit

- Ihr eigenes eBook und Buch - weltweit in allen wichtigen Shops

- Verdienen Sie an jedem Verkauf

Jetzt bei www.GRIN.com hochladen und kostenlos publizieren

Nathalie Schween

Ereignisberichte zu einer Sachbeschädigung schreiben und in Expertengruppen überarbeiten

Unterrichtsstunde Fach Deutsch, Klasse 6 (Realschule)

GRIN Verlag

Bibliografische Information der Deutschen Nationalbibliothek:

Die Deutsche Bibliothek verzeichnet diese Publikation in der Deutschen National-
bibliografie; detaillierte bibliografische Daten sind im Internet über http://dnb.d-
nb.de/ abrufbar.

Impressum:

Copyright © 2008 GRIN Verlag GmbH
Druck und Bindung: Books on Demand GmbH, Norderstedt Germany
ISBN: 978-3-640-37910-1

Dieses Buch bei GRIN:

http://www.grin.com/de/e-book/130445/ereignisberichte-zu-einer-sachbeschaedi-
gung-schreiben-und-in-expertengruppen

GRIN - Your knowledge has value

Der GRIN Verlag publiziert seit 1998 wissenschaftliche Arbeiten von Studenten, Hochschullehrern und anderen Akademikern als eBook und gedrucktes Buch. Die Verlagswebsite www.grin.com ist die ideale Plattform zur Veröffentlichung von Hausarbeiten, Abschlussarbeiten, wissenschaftlichen Aufsätzen, Dissertationen und Fachbüchern.

Besuchen Sie uns im Internet:

http://www.grin.com/

http://www.facebook.com/grincom

http://www.twitter.com/grin_com

Nathalie Schween
Lehreranwärterin
Realschule xxxx
Studienseminar Verden GHRS

Unterrichtsentwurf gem. § 9 PVO-Lehr II vom 18.10.2001

Datum:	18. November 2008
Zeit:	8.45 Uhr bis 9.30 Uhr
Klasse:	6.1 (16 Mädchen, 11 Jungen)
Fachseminarleiterin:	Frau
Pädagogikseminarleiterin:	Frau
Fachlehrer:	Herr
Schulleiter:	Herr

Thema der Unterrichtseinheit: Ereignisberichte schreiben und überarbeiten

Thema der Unterrichtsstunde: Ereignisberichte zu einer Sachbeschädigung schreiben und in Expertengruppen überarbeiten

Stellung der Stunde in der Unterrichtseinheit:

o Wiederholung und Festigung der Zeiten *Präsens, Perfekt, Präteritum* und *Plusquamperfekt* am Beispiel von ausgewählten Textauszügen (2 Stunden)

o Zeitungsberichte auf W-Fragen *(Wer? Was/Wie? Wann? Wo? Warum? Welche Folgen?)* untersuchen (1 Stunde)

o Schreiben eines Berichtes über einen Vorlesewettbewerb zur Einführung der Textform „Bericht" (1 Stunde)

o Überarbeiten des Berichtes in Expertengruppen (1 Stunde)

o **Ereignisberichte zu einer Sachbeschädigung schreiben und in Expertengruppen überarbeiten (1 Stunde)**

o Kooperatives Schreiben der Schülertexte am PC (1 Stunde)

o Unfallberichte schreiben und anhand eines gemeinsam entwickelten Bewertungsbogens in einer Schreibkonferenz überarbeiten (2 Stunden)

o Arbeit am Stil: Einen Bericht durch den Einsatz von Konnektoren und Synonymen überarbeiten (1 Stunde)

o Vorzeitigkeit: Verwendung des Plusquamperfekts und Präteritums beim schriftlichen Berichten (1 Stunde)

o Klassenarbeit (1 Stunde)

o Kritischer Umgang mit Berichterstattung in Printmedien - Untersuchung von Boulevardzeitung im Vergleich zu seriöser Berichterstattung (1 Stunde)

o Rückgabe und Überarbeitung der Klassenarbeit (1 Stunde)

1. Zur Situation der Lerngruppe und zur Lernausgangslage

Ich unterrichte die Klasse 6.1 seit dem zweiten Schulhalbjahr 2007/2008 eigenverantwortlich mit vier Stunden pro Woche. Die Klasse besteht 16 Mädchen und 11 Jungen. Wir haben ein recht vertrautes Verhältnis zueinander. Die Lernatmosphäre hat sich seit den Sommerferien durch ein gemeinsames Projekt zur Förderung der Klassengemeinschaft sowie eine etwas neue Klassenzusammensetzung weiter positiv entwickelt.

Die Schülerinnen und Schüler nehmen meist engagiert am Unterricht teil und gehen respektvoll miteinander um. Trotz der meist guten Mitarbeit sind einzelne Schülerinnen und Schüler teilweise zu lebhaft und abgelenkt. Deshalb ist der Unterricht so gestaltet, dass jeder einzelne aktiv mitgestalten und mitdenken muss. Gelegentlich erhalten einige Schülerinnen und Schüler zusätzliche Aufgaben, um ihre Aufmerksamkeit von unterrichtsstörenden Aktivitäten auf das Unterrichtsgeschehen zu lenken.

Die Klasse hat Erfahrung mit Gruppenarbeit. Sie kennt bereits Rollenverteilungen (wie *Sprecher, Schreiber, Timer*) in der Gruppe. Jedoch treten bei Gruppenarbeiten häufig Probleme auf. Deshalb erfordert Gruppenarbeit ein hohes Maß an Disziplin und Einfühlungsvermögen. Positive Bestärkung und die Einführung einer Gruppenbewertung (grüne, gelbe und rote Karte) haben sich hier als „lernklimaförderlich" erwiesen.

Die Schülerinnen und Schüler haben von Methoden des individuellen und kooperativen Schreiben bereits die Verfahren „*Schreibkonferenz*" und „*Textlupe*" kennengelernt; diese Methodenkompetenz soll in der heutigen Stunde geübt werden, weil das sinnentnehmende und kriterienorientierte Lesen anderer Schülertexte den meisten Schülerinnen und Schülern noch große Schwierigkeiten bereitet. Es zeigte sich, dass die Textüberarbeitungsfähigkeit der Schülerinnen und Schüler weiter geübt, sowie ihre Fähigkeit, Fremdtexte kriterienorientiert zu beurteilen, gefestigt werden muss. Deshalb wird in dieser Stunde das Verfahren „*Experten-Team*" eingesetzt werden.[1] Dieses Verfahren wurde bereits ein Mal eingesetzt.

In den vorherigen Stunden haben die Schülerinnen und Schüler Merkmale der Textform Bericht exemplarisch geübt. Das Wissen über die Merkmale sollte bereits vorhanden sein. Diese Stunde hat das Ziel, das vorhandene Wissen der Schülerinnen und Schüler zu festigen.

Schreibkompetenz: Einige Schüler haben große Probleme in der Rechtschreibung. In dieser Stunde spielt die Rechtschreibung eine untergeordnete Rolle. Deshalb gehen wir in der nächsten Stunde an die PCs zur Textüberarbeitung. S. und K. haben Schreibhemmungen, aus diesem Grund wird als Differenzierung ein Schreibgerüst angeboten. Die vorbereitende Hausaufgabe soll die Schülerinnen und Schüler bereits eine kognitive Vorbereitung auf den Textinhalt ermöglichen und so das Schreiben des Berichtes erleichtern.

---

[1] vgl. Sachanalyse und didaktische Entscheidungen

2. Sachanalyse

Der Bericht ist eine objektive Darstellungsform und der verlangt, Schlussfolgerungen und eigene Wertungen klar zu unterscheiden, sodass Fakten und Wertungen deutlich getrennt sind.[2] Berichte lassen sich in die Formen Erfahrungsberichte, Ereignisberichte und Untersuchungsberichte einteilen.[3] Der Bericht über eine Sachbeschädigung ist der Gruppe der Ereignisberichte zuzuordnen. Hier gelten die gleichen stilistischen Vorgaben wie für andere Formen des Berichtes: Im Bericht werden die Ereignisse abstrakter, das heißt mit allgemeineren Handlungsbeschreibungen oder Ergebnisangaben wiedergegeben und nicht wie in Erzählungen szenisch in einem Vorstellungsraum. Die einzelnen Ereignisse und Handlungen werden als Teile in die Logik eines umfassenden Vorgangs eingeordnet. Hieraus leiten sich folgende Merkmale her für den in dieser Stunde von den Schülerinnen und Schülern zu schreibenden Ereignisbericht[4]:

- der Bericht orientiert sich an den sogenannten „W-Fragen" *(Vollständigkeit)*

- die chronologische Reihenfolge der Ereignisse ist richtig wiedergegeben (*richtige Reihenfolge*)

- der Bericht enthält Tatsachen und ist sachlich korrekt formuliert (*Sachlichkeit*)

- die Tempusform Präteritum wird durchgehend verwendet; wenn etwas vorher passiert, wird das Plusquamperfekt verwendet (*Zeitform*)[5]

- besondere Verknüpfungen werden durch Konnektoren ausgedrückt: *und, oder, ...* (reihend), *dann, später, zwei Stunden später, ...* (temporal), *daher, deshalb, folglich...* (argumentativ)[6] *(Konnektoren)*

Weitere wichtige Merkmale eines Berichts sind[7]:

- der Bericht eignet sich für den Zweck und ist adressatenorientiert,

- die Überschrift informiert richtig über den Inhalt des Berichtes.

Das Verfahren „Experten-Team" ähnelt der Schreibkonferenz (ein kooperatives Verfahren der Textproduktion- bzw. -überarbeitung), ist jedoch sehr viel stärker kriterienorientiert. Es trainiert aber ebenso das schrittweise kooperative Schreiben, während es gleichzeitig die Internalisierung der wesentlichen Merkmale fördert (indem der einzelne Schüler jeden Text jeweils auf ein Merkmal hin untersucht). Die Überarbeitung des Texts erfolgt in Gruppen von drei bis fünf Experten, die jeweils den Text in Hinblick auf ihr Spezialgebiet. Diese Spezialgebiete leiten sich von den erarbeiteten Kriterien ab und heißen demnach „W-Fragen", „richtige Reihenfolge", „Zeitform', „Sachlichkeit" und „Rechtschreibung".

---

[2] Vgl. Becker-Mrotzek/Böttcher 2006: 126
[3] Vgl. Feilke 2006:10
[4] Vgl. prototypischen Bericht für diese Stunde im Anhang
[5] Da der aktive Gebrauch des Plusquamperfekts und z.T. des Präteritums vs. Perfekts den Schülerinnen und Schülern große Schwierigkeiten bereitet, wird in dieser Stunde nicht die Vorzeitigkeit thematisiert, sondern in einer weiteren Stunde exemplarisch erarbeitet. Vgl. Punkt 4, didaktische Reduktion
[6] Vgl. Becker-Mrotzek/Böttcher 2006: 125
[7] Vgl. Punkt 4, didaktische Reduktion

3. Didaktische Entscheidungen

„Für Berichte gilt in besonderem Maße: Der Leser möchte es ‚genau wissen', was Spielräume und Toleranzen auch für den Schreiber eng steckt. Wer berichtet, übernimmt Verantwortung für den Kenntnisstand anderer. Das gilt in der Alltagskommunikation und besonders für die öffentliche Kommunikation. Die damit verbundenen Erwartungen sind zum Teil schon stark schematisiert, was sich etwa in dem bekannten journalistischen Schema der W-Fragen zeigt: wer, was, wann, wo, wie, warum, welche Folgen, welche Quelle? (...) Den besonderen Anforderungen entsprechen aber auch besonders hohe Chancen. Das ist der Grund dafür, dass das Berichten didaktisch vielleicht ein größeres Potenzial hat, als ihm gemeinhin zugebilligt wird."[8]

Dem Berichten kommt in der Schreibdidaktik eine wichtige Rolle zu: Wir finden den Handlungstyp Berichten und die Textform Bericht sowohl mündlich als auch schriftlich in vielen Kontexten und Medien wieder.[9] Laut Kerncurriculum sollen die Schülerinnen und Schüler im 5. und 6. Schuljahrgang die Strukturmerkmale von Berichten kennen lernen. Weiter sollen sie lernen, Texte nach vorgegebenen Kriterien zu überprüfen und zu überarbeiten. Sie sollen die Methoden und Verfahren der Textüberarbeitung, wie *Schreibkonferenz* und *Textlupe* kennen lernen. Außerdem sollen die Schülerinnen und Schüler üben, Kommentare zu notieren sowie Verbesserungsvorschläge unter Anleitung umzusetzen.[10]

Die Schülerinnen und Schüler sollen ihre Fähigkeit zur Selbst- und Fremdbeurteilung trainieren; dies wird in dieser Stunde durch den Einsatz von *Experten-Teams*[11] geschult, weil viele unserer Schüler ihre Texte nicht überarbeiten.

Darüber hinaus fördert das Berichten das kognitiv-analytische Denken, da die Ereignisse in einer logischen und zeitlichen Reihenfolge wiedergegeben werden müssen, was nicht nur für den Deutschunterricht wichtig ist; insbesondere in den naturwissenschaftlich Fächern spielt das sachlich korrekte Berichten, z.B. von Untersuchungen, oder Experimenten eine wichtige Rolle. Später dominieren sachliche Aufsatzformen wie Erörterung und Inhaltsangabe. Deshalb ist das Üben von *sachlichem Berichten* von sehr hoher didaktischer Relevanz.

Die Aufgabenstellung dieser Unterrichtsstunde legt alle üblichen Merkmale des Berichtes fest: Die Schülerinnen und Schüler sehen sofort ein, dass Sachlichkeit, Genauigkeit und Folgerichtigkeit einen solchen Text bestimmen müssen, um seinen Zweck zu erfüllen. Die Vermittlung von scheinbar eindeutig normierten Stilformen kann damit vermieden werden.[12] Somit ist der Bericht kein von außen aufgezwängtes Schreibgerüst sondern Mittel zum Zweck.

Die Schülerinnen und Schüler sollen lernen, sachlich und präzise von einem Tathergang zu berichten. Die Situation, dass sie Zeuge von einer Sachbeschädigung, einem Streit oder Unfall werden und hierzu einen schriftlichen Bericht formulieren sollen, geschieht häufig im Schulalltag. Wenn die Schüler die Form des Berichts beherrschen, ist die Klärung des Vorfalls für alle Beteiligten einfacher.

4. Didaktische Reduktion

Die Schülerinnen und Schüler können die Länge ihres Textes frei wählen. Da die Schülerinnen und Schüler lernen sollen, sich auf bestimmte Kriterien zu konzentrieren, wähle ich vorher die Merkmale aus, die in dieser Stunde didaktisch[13] relevant sind. Wie in der Sachanalyse bereits aufgeführt sind dies:

---

[8] Feilke 2006: 6. Vgl. didaktische Entscheidungen Punkt 3
[9] Vgl. Becker-Mrotzek/Böttcher 2006: 124
[10] Vgl. Niedersächsisches Kultusministerium 2006: 21f. (Kompetenzbereich Schreiben)
[11] Alternativ bietet sich das Verfahren „Schreibkonferenz" an, welches ebenso wie Experten-Teams Internalisierungsprozesse fördern. (Vgl. methodische Entscheidungen)
[12] Schwarz 2004:22
[13] Vgl. didaktische Entscheidungen

Vollständigkeit, Richtige Reihenfolge, Zeitform, Sachlichkeit und Rechtschreibung. Die Verwendung unterschiedlicher Konnektoren als Kohäsionsmittel wird dem Merkmal „Richtige Reihenfolge" untergeordnet. Dies reduziert die Anzahl der einzelnen Merkmale für die Expertengruppen. Im weiteren Verlauf der Einheit kommen zusätzliche Merkmale hinzu, welche in dieser Stunde zwar implizit (wie z.B. Adressaten- und Zweckorientierung) geübt, aber nicht thematisiert werden.

Auf die richtige Verwendung der Zeitform Plusquamperfekt wird in dieser Stunde noch nicht explizit geachtet. Das Plusquamperfekt ist eine schriftlich verwendete Form, die von den Schülerinnen und Schülern kaum benutzt. Sie ist für das schriftliche Berichten notwendig, um Vorzeitigkeit auszudrücken. Alternativ hätte der „Experte für die richtige Zeitform" den adäquaten Gebrauch von Plusquamperfekt und Präteritum untersuchen können. In dieser Stunde sollen die Schülerinnen und Schüler jedoch zunächst die Unterscheidung der Zeitformen Präteritum und Perfekt festigen.

5. Erwartete Kompetenzen

Groblernziel: Die Schülerinnen und Schüler sollen kriterienorientiert einen Bericht schreiben können.

Inhaltsbezogene Kompetenzen:

Die Schülerinnen und Schüler sollen...

- o FZ 1: ihre Fähigkeit üben, normorientiert *(richtige Reihenfolge, Vollständigkeit der W-Fragen, Zeitform, Sachlichkeit, Rechtschreibung)* zu schreiben, indem sie anhand vorher erarbeiteter Kriterien einen Text verfassen.

- o FZ 2: ihre Textüberarbeitungskompetenz schulen, indem sie Schülertexte nach vorgegebenen Kriterien (siehe FZ 1) überprüfen.

- o FZ 3: ihre Selbst- und Fremdbeurteilungsfähigkeit trainieren, indem sie als Experten für bestimmte Kriterien Texte kriterienorientiert lesen und überarbeiten.

- o FZ 4: ihre Rechtschreibkompetenz schulen, indem sie beim Schreiben auf Normen der Rechtschreibung achten und als Rechtschreib-Experte[14] Texte verbessern.[15]

Prozessuale Feinziele im sozial-affektiven und methodischen Bereich:

Die Schülerinnen und Schüler sollen...

- o FZ 1: ihren Umgang in der Zusammenarbeit mit anderen weiterentwickeln, indem sie in einer Gruppe gemeinsam Schülertexte beurteilen, dabei mit der Gruppe kommunizieren und die Verantwortung für die Beachtung von einem/mehreren[16] sprachlichen Kriterium/Kriterien übernehmen.

- o FZ 2: in ihrer Kommunikationsfähigkeit geschult werden, indem sie vor anderen sprechen, andere aussprechen lassen und verstehend zuhören.

- o FZ 3: ihre Selbstkompetenz und Organisationsfähigkeit trainieren, indem sie einen Arbeitsauftrag in einer vorgegebenen Zeit erledigen.

- o FZ 4: ihre Methodenkompetenz schulen, indem sie den *Duden* als Nachschlagewerk nutzen.

---

[14] Gilt für einzelne Schülerinnen oder Schüler
[15] Vgl. Niedersächsisches Kultusministerium 2006: 21f.
[16] innere Differenzierung

6. Methodische Entscheidungen

Die Stunde ist in die Kernphasen Einstieg, Hinführung, erste und zweite Erarbeitungsphase und Ergebnissicherung unterteilt. Der didaktisch-methodische Fokus der Stunde liegt auf dem Schreiben eines Ereignisberichtes und dessen Überarbeitung in Experten-Gruppen.

Ich habe mich für das Lesen und Filtern der Information nach W-Fragen aus den Zeugenaussagen als *vorbereitende Hausaufgabe* entschieden, damit mehr Zeit für die Gruppenarbeit in den Experten-Teams und für die inhaltliche Auswertungsphase zur Verfügung steht.

Die *Zeugenaussagen* zu einem sehr lebensnahen Schulhofereignis sollen die Schülerinnen und Schüler motivieren, sich mit dem Fall zu beschäftigen und herauszufinden, was passiert ist. Die von mir gewählte Situation erscheint für die Schülerinnen und Schüler transparent und ermöglicht ein rasches Arbeiten.

In der Hinführung machen sich die Schülerinnen und Schüler plakativ bewusst, was an dem Tag passiert ist. Deshalb wird ein Tafelbild eingesetzt, auf dem die W-Fragen stehen sowie im Unterrichtsgespräch zwei Informationen an der Tafel gesammelt werden. Um sie für das Schreiben zu motivieren, gebe ich den Impuls, dass der Klassenlehrer einen genauen Bericht über den Tathergang benötigt, welche in der Schülerakte gesammelt und eventuell in der Klassenkonferenz vorgestellt wird. Deshalb muss alles genau stimmen.

Die *Schreibphase* geschieht in Einzelarbeit, weil jeder in der Lage sein soll, einen Bericht in einer vorgegebenen Zeit selbstständig anzufertigen. Als Alternative böte sich kooperatives Schreiben an, in dem die Schülerinnen und Schüler einen Bericht in der Gruppe (z.B. jeder konzentriert sich auf eine W-Frage) schreiben, jedoch soll letztlich jeder Schüler eine eigene Schreibleistung erbringen.

Die Verteilung der Kriterien in der Gruppe ermöglicht ein gründliches *Überarbeiten* der Texte (Selbstständigkeit, Schülerorientierung) und die Schüler übernehmen nicht nur die Verantwortung für ihren Text, sondern auch für andere Schülertexte (soziales Lernen). Durch das Lesen und Überarbeiten anderer Texte erhalten die Schülerinnen und Schüler sprachliche und inhaltliche Anregungen für das Schreiben und reflektieren die Qualität ihres eigenen Textes (Vertiefung). Dies schult weiter ihre Beobachtungs- und Beurteilungskompetenz.[17]

Die *inhaltliche Auswertung* der Schülertexte sowie deren Beurteilung durch die Experten geschieht exemplarisch: Jede Gruppe wählt ein gutes Beispiel aus, welches sie dem Plenum vorstellt, indem es vorgelesen und kriterienorientiert beurteilt wird. Der Gruppensprecher trägt den Text vor. Die Festigung der Kriterien geschieht weiter, indem jeder Gruppe bei der Ergebnispräsentation gezielt auf ein Kriterium achtet (Hörauftrag).

Die Hausaufgabe, nämlich die Überarbeitung des eigenen Berichtes, ist eine quantitative Differenzierung und bereitet die Schülerinnen und Schüler auf die nächste Stunde vor, sodass alle auf einem Stand sind, wenn wir mit der Eingabe der Berichte in den Computer beginnen.

Wie bereits in der Lernausgangslage beschrieben, vermute ich, dass einige Schülerinnen und Schüler zum einen Schwierigkeiten mit dem Herausfiltern bzw. Erkennen der Information[18] und zum anderen Schreibhemmungen beim Anfertigen des Berichtes haben werden. Die Schreibhemmung macht sich darin deutlich, dass die Schülerinnen oder Schüler die Informationen nicht in einem Fließtext (in der vorgegebenen Zeit) schreiben können. Deshalb wähle ich als qualitative Differenzierung ein „Schreibgerüst" in Form eines Lückentextes, in dem lediglich die an den W-Fragen orientierten Informationen eingesetzt werden müssen.

---

[17] Vgl. Punkt 3, didaktische Entscheidungen
[18] Auch deshalb sollen die Zeugenaussagen sowie das Filtern der Information zu Hause vorbereitet werden, sodass jeder Schüler sich so viel Zeit nehmen kann, wie er zum Bearbeiten der Aufgabe benötigt.

Meine Rolle wird es sein zunächst ein Unterrichtsgespräch zu leiten, indem die Schülerinnen und Schüler ihr Wissen reaktivieren (Informationen zu den W-Fragen in den Zeugenaussagen), sowie später die Schülerinnen und Schüler während der Schreibphase zu unterstützen. Hierbei beobachte ich besonders Nils B., Mike, Tobias und Marvin, bei denen ich vermute, dass sie die qualitative Differenzierung (= Schreibgerüst) benötigen. Weiter beobachte und unterstütze ich die Arbeit in den Experten-Gruppen. Während der zweiten Erarbeitungsphase verschaffe ich mir einen Überblick, welcher Schülertext als verbesserungswürdiges bzw. gutes Beispiel vorgetragen werden könnte, um so das Auswertungsgespräch effektiv leiten zu können.

7. Geplanter Verlauf der Unterrichtsstunde

Zeit	Phase/ LAn-Schüler-Interaktion	Aktionsform (AF) Sozialform (SF) Organisationsform (OF)	Medien/ Arbeitsmaterial
8.45-8.47	**Einstieg** LAn begrüßt SuS und Besuch. SuS begrüßen LAn und den Besuch.	AF: UG SF: KU OF: Gruppentische	
8.48-8.55	**Hinführung** Was ist passiert? LAn verteilt Karten mit je einer W-Frage an den Gruppentischen. SoS meldet sich und berichtet.	AF: Impuls SF: Klassenunterricht OF: Gruppentische	Tafelbild: „W-Fragen"
8.56-9.10	**Erarbeitung I** SuS schreiben geleitet an den W-Fragen einen Bericht[19]. LAn gibt Hilfestellung, verteilt ggf. Differenzierung und macht sich Notizen zu den Schülertexten. (Beobachtungsbogen)	AF: Texte schreiben SF: Einzelarbeit OF: Gruppentische	Arbeitsblätter Füller
9.10-9.19	**Erarbeitung II** SuS reichen ihren Bericht in der Gruppe im Uhrzeigersinn herum. Jeder Schüler liest (scannt) einen Schülertext zwei Minuten hinsichtlich seines Kriteriums, macht Kreuz auf den Bewertungsbogen und kommentiert im Schülertext. Nach akustischen Signale werden die Texte im Uhrzeigersinn weitergereicht. Gruppe einigt sich auf ein gutes Exemplar, welches sie in der Sicherung vorträgt. LAn gibt Hilfestellung und macht sich Notizen dazu, welche Schülertexte gut geschrieben wurden, wie die Beurteilung durch die Experten erfolgt ist und gibt ggf. Hilfestellungen und Impulse.	AF: Texte überarbeiten SF: Gruppenarbeit OF: Gruppentische	Arbeitsblatt Expertenkarten Rollenkarten Füller Bleistifte Wörterbücher
9.20-9.27	**Ergebnissicherung** LAn verteilt Hörauftrag (jeweils ein Merkmal pro Tischgruppe). Eine Gruppe liest einen Bericht vor. *„Ist euch etwas aufgefallen, was nicht stimmt?"* Zunächst wird ein nicht ganz gelungener Bericht vorgestellt, dann ein gutes Beispiel.	AF: Schülergespräch SF: Gruppenarbeit OF: Gruppentische	Expertenkarten
9.28-9.30	**Abschluss** HA: Überarbeitung der Schülertexte LAn würdigt die Arbeit der SuS, gibt Ausblick auf die nächste Stunde.	AF: UG SF: Klassenunterricht OF: Gruppentische	

Zeitminus: Erarbeitung II wird verkürzt. Es wird ein „guter" Bericht vorgestellt.

Zeitplus: Weitere Texte werden vergleichend ausgewertet.

---

[19] Differenzierung vgl. methodische Entscheidungen

<u>Anhang</u>

Material:

- Arbeitsblatt „Zeugenaussagen"
- Arbeitsblatt „Tathergang"
- Differenzierung
- Vorlage Karten: Merkmale eines Berichtes
- Rollenkarten (Sprecher, Timer, Ruhe-Stifter, Schreiber)

I. Literaturverzeichnis

Becker-Mrotzek, Michael/ Böttcher, Ingrid (2006): *Schreibkompetenz entwickeln und beurteilen,* Berlin: Cornelsen.

Feilke, Helmuth (2006): *„Der Stand der Dinge".* Berichten und Berichte. In: Praxis Deutsch, 33 (2006) 195. S. 6-15.

Grunow, Cordula/ Schurf, Bernd (Hgg., 2007): *Deutschbuch 6. Neue Grundausgabe, Arbeitsheft,* Berlin: Cornelsen.

Huneke, Hans-Werner/ Schemel, Gerd (u.a., Hgg., 2004): *deutsch.kombi 2, Sprach- und Lesebuch,* Leipzig: Klett.

Kämper-van den Boogart, Michael (2006): *Deutsch-Didaktik: Leitfaden für die Sekundarstufe I und II,* Berlin: Cornelsen.

Klippert, Heinz (2006): *Kommunikations-Training. Übungsbausteine für den Unterricht.* Weinheim und Basel: Beltz.

Lange, Günther/ Weinhold, Swantje (Hgg., 2005): *Grundlagen der Deutschdidaktik. Sprachdidaktik, Mediendidaktik, Literaturdidaktik,* Baltmannsweiler: Schneider Verlag Hohengehren.

Menzel, Wolfgang (Hg., 2006): *Praxis Sprache 6,* Braunschweig: Westermann.

Meyer, Hilbert (2004): *Was ist guter Unterricht?* Berlin: Cornelsen.

Niedersächsisches Kultusministerium (Hg., 2006): *Kerncurriculum für die Realschule, Deutsch, Schuljahrgänge 5 bis 10,* Hannover: Nils.

Ossner, Jakob (2006): *Sprachdidaktik Deutsch,* Paderborn: Schöningh.

Realschule Osterholz-Scharmbeck: *Schuleigener Arbeitsplan für das Fach Deutsch, Klasse 6.*

Schilcher, Anita (2006): *Auf heißer Spur. Mit Hilfe von Berichten einen Kriminalfall lösen.* In: Praxis Deutsch, 33 (2006) 195. S. 27-38.

II. Unterrichtsbezogene Kompetenzen der Schülerinnen und Schüler

Name des Schülers/ der Schülerin[20]	Schreibkompetenz		Sozialkompetenz (hier: Kooperation)	Lesekompetenz (hier: sinnentnehmendes Lesen)
	- Recht-schreiben	- Kriterien-orientiertes Schreiben		
	o	+	+	+
	--	o	+ ~	-
	0	+	+	+
	-	-	o ~	o
	o	o	- ~~	+
	o	o	+	+
	-	o	o ~	+
	o	o+	+	+
	+	+	+	++
	o	o	+	+
	+	+	+ +	++
	o	o	o	+
	o	o	o	+
	o	+	+	o
	+	+	o ~	+
	-	o	+	+
	+	+	+	++
	+	+	+	++
	+	+	++	++
	--	--	o	o
	+	+	++	++
	--	o+	+	o
	+	+	o	+
	o	+	+	+
	o	+	o	+
	+	+	+	+
	+	+	+	+

Anmerkung zur Sozialkompetenz

++ sehr gut + gut o zurückhaltend, aber nicht behindernd - behindert die Gruppenarbeit teilweise	~ lenkt sich und andere manchmal ab ~~ lenkt sich und andere häufig ab

---

[20]Namen wurden aus Datenschutzgründen entfernt.

III. Gruppentische

Anmerkungen hierzu in der Übersicht zu den unterrichtsbezogenen Kompetenzen (Seite 11)

Tafel

Pult

IV. Tafelbild

Hinführung und Erarbeitung (aufgeklappt)

	W-Fragen Wer? Wo? Wann? Was? Warum? Welche Folgen?		

Ergebnissicherung

rechte Tafelhälfte zugeklappt

	W-Fragen	**Merkmale für einen Bericht**
	Wer? Wo? Wann? Was? Warum? Welche Folgen?	Vollständigkeit Richtige Reihenfolge Zeitform Sachlichkeit Rechtschreibung

Material:

o Arbeitsblatt „Zeugenaussagen"
o Arbeitsblatt „Tathergang"
o Exemplarischer Bericht (zur Ansicht)
o Differenzierung
o Vorlage für Kriterienkarten: „Merkmale eines Berichtes"

> **Unterstreiche** die Informationen, die du zu den W-Fragen bekommst.
> ### Wer? Wo? Wann? Was? Warum? Welche Folgen?
> ✍**Schreibe** das Fragewort an den Rand.

Am letzten Freitag, den 14.11.2008, kam es zu einem Vorfall auf dem Hof 1 der Realschule Osterholz-Scharmbeck. Vier Zeugen berichten:

Mirko (Klasse 6 e):

„Wir haben auf dem Hof 1 Fußball gespielt. Die erste Stunde ist ausgefallen, weil unsere Deutschlehrerin krank ist. Die war gestern auch nicht in der Schule. Danach sind wir mit mehreren Beteiligten in die Cafeteria gegangen. Das war so um 8.15 Uhr. Dort haben wir uns belegte Fladenbrote gekauft. Mein Fladenbrot mit Pute hat mir sehr gut geschmeckt."

Marcel (Klasse 9 a):

„Ich hatte verschlafen und bin dann während der ersten Stunde auf den Schulhof gekommen. Dort habe ich gesehen, wie Carina aus der 6 e, die mit meiner Schwester befreundet ist, und zwei andere Schüler sich unterhalten haben. Anschließend hat Carina sich den Ball zurecht gelegt und mit voller Wucht gegen das Hinterrad von einem knallgelbem Mädchenfahrrad geschossen. Heftig! Dann sind die Schüler weggelaufen. Ich bin gleich zum Hausmeister gegangen und habe von dem Vorfall berichtet. Ich bin dann 25 Minuten zu spät zur ersten Stunde gekommen."

Hausmeister:

„Kurz bevor Marcel zu mir gekommen ist und von der Sachbeschädigung berichtet hat, hatte ich drei Schüler vom Schulhof laufen sehen. Dabei habe ich Nico, der immer so frech ist, aus der 6 e erkannt, der in meiner Siedlung wohnt. Ich habe mir das Rad sofort angesehen und festgestellt, dass das Rücklicht kaputt und leider im Vorderreifen eine Acht war, was wahrscheinlich auf den Aufprall zurückzuführen ist."

Klassenlehrer der 6 e:

„In der zweiten Stunde habe ich in meiner Klasse 6 e Mathe unterrichtet. Carina, Nico und Paul haben sich die ganze Zeit Briefchen hin und hergeschrieben. Ich habe sie ermahnt. Nach der Stunde sind die drei zu mir gekommen und haben berichtet, dass Carina in der 1. Stunde leider ein Fahrrad mit einem Fußball angeschossen hat. Sie hatten Langeweile und sind dann auf die Idee gekommen, auf das Hinterrad zu schießen, weil Carina Streit mit der Besitzerin des Fahrrades hat. Gott sei dank haben sich alle drei für schuldig erklärt. Als Wiedergutmachung wollen sie das Rad reparieren und zusätzlich fünf Stunden in der Fahrradwerkstatt aushelfen. Sie haben gesagt, dass es ihnen Leid tut."

Was ist am Freitag, den 14.11.2008, passiert?
➲ **Der Klassenlehrer bittet dich, einen Bericht über den Tathergang für die Schülerakte zu schreiben, damit er in der Klassenkonferenz davon berichten kann.**

✎ *Schreibe sauber und deutlich!*

Denke dabei an folgende Merkmale eines Berichtes:
1. Vollständigkeit (alle W-Fragen sollen beantwortet sein)
2. Richtige Reihenfolge
3. Sachlichkeit (nur Wichtiges/ keine Gefühle/ keine eigene Meinung)
4. Zeitform (Präteritum)
5. Rechtschreibung

W- Fragen notieren

_____

_____

_____

_____

_____

_____

_____

_____

_____

_____

_____

_____

_____

_____

_____

_____

_____

Ereignisbericht über eine Sachbeschädigung

Sachbeschädigung eines Fahrrades auf Schulhof 1

Am Freitag, dem 14.11.2008, kam es in der Realschule Osterholz-Scharmbeck zu einer Sachbeschädigung.
Um ca. 8.15 Uhr hielten sich Carina, Nico und Paul auf dem Hof 1 auf. Da Carina Streit mit einer Schülerin hatte, kam sie auf die Idee, gemeinsam das Fahrrad dieses Mädchens zum Zielschießen zu benutzen. Schließlich traf Carina das Fahrrad mit voller Wucht, wodurch das Rücklicht zerbrach und im Hinterrad eine Acht zu erkennen war. Nach einem Gespräch mit dem Klassenlehrer boten die Beteiligten selbst an, das beschädigte Rad zu reparieren sowie fünf Stunden freiwillig in der Fahrradwerkstatt der Schule auszuhelfen.

Ereignisbericht über eine Sachbeschädigung

Sachbeschädigung eines_____*(was?)*

Am _____*(wann?)* kam es in _____
_____ *(wo?)* zu einer Sachbeschädigung.
Um _____*(wann?)* hielten sich _____
_____*(wer?)* auf _____ *(wo?)*
auf.
Da Carina Streit mit einer Schülerin hatte, kam sie auf die Idee,
_____*(was?)*.
Schließlich traf Carina das Fahrrad mit voller Wucht, wodurch
_____
_____*(welche Folgen?)*.
Nach einem Gespräch mit dem Klassenlehrer boten die Beteiligten
selbst an, _____
_____*(welche Folgen?)*.

Vollständigkeit der W-Fragen

- Wer?
- Wo?
- Wann?
- Was?
- Warum?
- Welche Folgen?

✏ Schreibe mit Bleistift an den Rand!

Richtige Reihenfolge

Sind die Ereignisse in der richtigen Zeitfolge wiedergegeben?
Werden Konnektoren eingesetzt?

    dann → später, danach, nach zwei Stunden, anschließend
    weil → daher, deshalb, demzufolge

✎ Verbessere mit Bleistift!

Zeitform

Wird <u>Präteritum</u> verwendet (kein Perfekt!)?

Präsens	Präteritum
er ist	er war
sie rennt	sie rannte
sie schießt	sie schoss

✎ Verbessere mit Bleistift!

Sachlichkeit

Enthält der Text nur Wichtiges?

✎ Streiche Gefühle und eigene Meinung im Text durch!

Rechtschreibung

Untersuche den vorliegenden Text auf Rechtschreibfehler!

✎ Verbessere mit Bleistift!